27

n 16364.

DISCOURS

PRONONCÉS SUR LA TOMBE

DE

M. FRANÇOIS PIRAS

LE 9 AVRIL 1856.

BASTIA,
DE L'IMPRIMERIE DE C. FABIANI.

—

1856.

DISCOURS

PRONONCÉS SUR LA TOMBE

DE

M. FRANÇOIS PIRAS.

Discours de M. Porri.

Messieurs,

La mort vient de frapper l'un de nos meilleurs citoyens, François Piras.

Je ne veux pas entreprendre la biographie de l'homme de bien qui nous quitte, cette tâche est réservée à d'autres plus habiles que moi; mais permettez-moi, Messieurs, d'ajouter mes regrets aux vôtres et de vous dire, en peu de mots, les vertus de l'ami que nous venons de perdre aujourd'hui. Dès sa jeunesse on put reconnaître en lui les éminentes qualités qui le firent appeler par la suite à diverses fonctions publiques. Courageux sans orgueil, poli sans bassesse, commerçant intègre, chrétien sans ostentation, ami généreux, père de famille exemplaire, il a su commencer et finir sa noble carrière sans jamais dévier de l'étroit sentier de l'honneur et de la vertu. Il fut père de nombreux enfants qui tous ont mérité sa plus tendre affection. L'éducation donnée à ses trois garçons n'a rien laissé désirer à son cœur paternel. L'aîné administre dignement la justice dans le canton de Bonifacio; le cadet, employé au Ministère de l'Intérieur, s'est dévoué à l'étude des sciences, et ses succès font pressentir qu'un jour il fera honneur à son pays; le troisième a suivi l'instinct de sa vocation, en dévouant au sacerdoce tous les instants de sa vie et les efforts d'une belle intelligence. La ville de Bonifacio que François Piras a administrée pendant une période de 12 ans, en qualité de maire, l'a toujours aimé et respecté comme un père; il n'en fallait pas davantage pour rendre heureux un tel homme ; mais le bonheur n'est pas durable sur cette terre et la mort a coupé le fil de ses vieux jours. Messieurs! ce n'est pas François Piras qui a perdu dans ce changement d'existence, il va recevoir de Dieu la récompense de l'homme de bien : c'est sa famille, c'est nous tous qui perdons un excellent ami, un noble et tendre père.

Oui, homme vénérable! tu laisses un grand vide, et ton souvenir sera éternel parmi nous. Prie pour ta famille et pour nous.

Discours de M. Costa.

Messieurs,

L'homme populaire, l'homme de bien, l'ex-premier magistrat de la ville de Bonifacio, M. François Piras n'est plus. Vous connaissez aussi bien que moi, Messieurs, les faits qui ont marqué sa noble carrière. La jeunesse qui, comme nous, a goûté les bienfaits de son administration, doit connaître aussi les premiers débuts de sa vie mortelle.

Piras François naquit à Bonifacio en 1782. Il fut élevé dans les sentiments d'une saine morale et dans un grand attachement à la religion. Jeune il se livra au commerce et il y montra le caractère d'un honnête homme. Jamais la cupidité ne le fit dévier du droit chemin de la justice. Aimable et affectueux avec tous, il ne refusait à personne ses services. Il prenait toujours le plus vif intérêt au bien public; aussi dans les temps de calamité et de pénurie l'administration municipale fesait recours à Piras, qui, toujours plein du dévouement le plus grand et le plus sincère, ne tardait point à venir en aide aux besoins de la population non moins par ses conseils que par ses secours. Le pauvre trouvait toujours en lui un père, un ami prêt à le soulager et dans le corps et dans l'âme. Il n'y a point d'exemple, Messieurs, qu'il ait traduit personne en justice; il abandonnait plutôt ses intérêts au grand préjudice de sa famille. Ces belles qualités lui ont acquis une réputation qui s'étendit au hameau, au village, à la ville et dans tout le département, au point qu'il a mérité l'estime et la confiance des plus hauts dignitaires, des magistrats et de tous les notables de la Corse. Sa renommée traverse les mers, se reproduit en France et à l'étranger. Partout il avait des correspondants, partout de bons amis. Le Bonifacien partout où il passait, au nom de Piras, trouvait protection, aide, assistance. — Les Gouvernements de la Grande Bretagne et de Naples l'investirent de la dignité consulaire. La population maritime et commerciale de cette ville dans ses assemblées électorales le proclama juge au tribunal de commerce, alors établi à Bonifacio. C'est dans ce tribunal qu'il administra la justice avec autant de zèle que d'équité. En tout temps Piras a toujours occupé des charges et des fonctions honorables. Nommé dans l'administration municipale, il a rendu en sa qualité de conseiller de très grands services à sa ville. En 1832 il fut nommé premier adjoint. En 1843, malgré son extrême répugnance et malgré tous ses efforts, on lui conféra la charge de Maire, que la population, d'une voix unanime, lui décerna une seconde fois en 1848 sous la République, et où il fut encore réélu par sa Majesté Napoléon III, Empereur des Français.

J'ajouterai ici ce qu'un jour le premier fonctionnaire du Gouvernement en Corse lui dit : « Vous, M. le Maire, vous n'avez rien à craindre des changements de Gouvernement. » C'est pendant tout le temps de son administration, Messieurs, qu'il mérita plus que jamais avec le nom de chef celui de père et de pacificateur de son peuple. Fatigué enfin par le poids des années il demanda sa démission, que le Gouvernement pour preuve de sa confiance ne lui accorda qu'à condition qu'il désignerait lui-même son successeur. Tels sont les faits qui ont rempli sa carrière. Vous, chers enfants, soyez fiers d'avoir possédé un père qui a su, par ses vertus domestiques et sociales, s'élever si haut dans l'estime de ses concitoyens et se rendre digne du nom de père du peuple. Et toi, François Piras, écoute la faible voix d'un de tes plus chers amis à qui tu as montré sans cesse l'affection la plus sincère et donné tant de preuves de ton attachement. D'autres, mieux que je ne puis le faire, annonceront au pays la grande perte que nous avons faite. En te séparant de nous, tu emportes avec les larmes de tes enfants le regret général de tes concitoyens que tu laisses aujourd'hui dans un grand deuil. Va rejoindre ta femme bien-aimée qui fut la mère du pauvre, et, comme toi, fut un modèle de vertus chrétiennes. Va rejoindre tes chers parents qui t'attendent dans le séjour des bienheureux. Adieu !

Discours de M. Angeli.

Messieurs,

Un homme de bien n'est plus! M. François Piras que nous avons pu voir il y a vingt-quatre heures à peine, parcourant avec un ami de sa famille les rues de notre cité, vient tout-à-coup de s'endormir dans la paix du Seigneur!

Il s'est éteint sans souffrances, et avec cette sérénité du juste qui ne voit dans la mort que la fin de l'exil auquel l'homme est condamné avant de retourner à son Créateur.

Dans cette tombe ouverte pour lui, alors que rien ne le fesait pressentir, M. Piras emporte les regrets de tous ceux qui l'ont connu.

C'est qu'aussi jamais homme n'avait su inspirer de plus vives sympathies. Il était juste, hospitalier, vertueux : il se fesait remarquer par l'élévation de ses sentiments, la droiture de son cœur, et la dignité de son caractère. Qui de nous n'a pu apprécier sa compassion pour le malheur, son dévouement pour son pays, son sincère attachement pour ses nombreux amis? Qui de nous n'a été édifié de sa piété et de son ardente foi religieuse? Qui pourrait un seul instant oublier le courage et l'abnégation dont il a donné tant de preuves durant ces temps calamiteux où l'épidémie décimait la population de cette pauvre ville ?

Chacun sait que pendant plus de cinquante ans M. Piras a, pour le bien public, gratuitement prêté ses services dans différentes administrations. Il me suffira de vous rappeler avec quel zèle, avec quelle intelligence il a, depuis 1843, dirigé la municipalité de Bonifacio.

Les importantes fonctions de maire qui lui furent imposées bien plus qu'il ne les avait recherchées, il les résignait, il y a quelques mois, dans la crainte où il était de ne pouvoir, à 73 ans, consciencieusement remplir tous les devoirs de sa charge. Et à cette occasion l'autorité devait lui donner un éclatant témoignage de sa haute satisfaction, en engageant M. Piras à désigner lui-même son successeur.

Rare distinction, Messieurs, mais justement méritée, et qui honore ceux qui la concèdent tout autant que celui qui en est l'objet.

Un fonctionnaire aussi recommandable devait également donner l'exemple de toutes les vertus domestiques. Il a été bon père, parent affectueux, et je n'en veux de meilleure preuve que la grande douleur de toute cette famille éplorée, que l'immense affliction surtout de ce digne fils qu'il aimait tant, et aux larmes duquel nous venons mêler nos propres larmes.

Mais que valent aujourd'hui mes impuissants

regrets? l'homme de bien, l'excellent vieillard qui commandait le respect et la vénération, nous abandonne pour regagner sa céleste patrie! Consolons-nous toutefois, car M. Piras ne meurt pas tout entier pour nous, il vivra long-temps par le souvenir du bien qu'il a répandu à larges mains en passant sur cette terre ; il revivra d'ailleurs dans ses enfants si dignes de perpétuer les vertus et les rares qualités de leur père.

Homme de bien repose en paix!

On lit dans le *Journal de la Corse* (mardi 6 mai 1856) :

« Nous savions que dès le 7 avril dernier M. Piras, ancien maire de Bonifacio, était décédé dans cette ville, et nous nous serions rendu avant ce jour l'expression des regrets unanimes que la perte de cet homme de bien a excités, si une nécrologie, écrite par un homme plus à même que nous d'apprécier les éminentes qualités du défunt, ne nous avait été annoncée; elle vient de nous parvenir et nous nous faisons un plaisir de la publier ci-après. Aux faits que l'auteur signale à l'admiration publique et qui ont honoré la vie de M. Piras, nous ajouterons que pendant que l'épidémie désolait naguère la population de Bonifacio, il se fit remarquer par son zèle à soulager les malheureux, et les sages conseils de sa vieille expérience furent pour plusieurs d'une grande utilité. Aux témoignages d'estime que la population de Bonifacio a montrés au décès de leur honorable concitoyen et que M. Hucherot fait connaître, nous ajouterons aussi que huit jours après cet événement toutes les confréries de la ville ont voulu spontanément célébrer avec une pompe inusitée une grand'messe pour le repos de l'âme de leur ancien Maire.

» De tels hommages honorent non moins la mémoire de ceux qui meurent, que leur famille, pour laquelle ils sont la plus douce consolation :

« Monsieur le Rédacteur,

» Le 7 du courant à huit heures du soir, un homme au caractère antique, appartenant à la vieille génération de la Corse et symbole vivant des grandes qualités de nos pères, disparaissait de la scène du monde : un coup foudroyant d'apoplexie enlevait soudainement aux tendres soins de sa famille, à l'amour, à la vénération de ses concitoyens, M. Piras (François), de Bonifacio, à l'âge de 73 ans. Je n'entreprendrai pas de vous raconter ici tous les faits d'une vie pure et sans tache entièrement dévouée à l'honneur, à la vertu et au bien public, mais organe principal de toute une population en deuil, je croirais manquer à un devoir pieux et sacré que de ne pas vous signaler l'impression trop douloureuse qu'a produit en cette ville la mort inattendue de ce vénérable et vénéré vieillard, ainsi que les honneurs funèbres que *spontanément et d'un commun accord* on a voulu rendre à son corps inanimé. Dans la nuit même, cette triste nouvelle se répandit parmi la foule, et dès le lendemain à l'aube du jour elle se porta en masse aux abords et dans la maison du défunt, pour y contempler encore une fois et verser une larme sur le cadavre de celui qu'elle avait appris à considérer comme un ami sincère, compatissant et généreux.

» Le 9, au matin, des groupes nombreux stationnaient sur la place de la maison mortuaire. — La douleur était peinte sur leur visage. — Les magasins du commerce furent fermés. — Les bâtiments mouillés dans le port portant les vergues en patène, les pavillons en berne, ajoutaient encore à la tristesse de la scène qui devait avoir lieu. — A huit heures les élèves des Frères et des Sœurs portant chacun un signe de deuil et un cierge à la main, se rangeaient tout près de là — et bientôt après le Corps-Municipal, les autorités administratives et le Clergé arrivaient aussi sur les lieux. — Le cortége, précédé des cinq confréries, se mit en marche pour se rendre à la paroisse. Les coins du poêle étaient tenus par MM. Hucherot, Maire; Portafax, Adjoint; Mayran, Commandant de place; et le docteur Abbatucci, Conseiller municipal. Arrivés sous le portique qui précède cette église, une foule compacte et silencieuse entoura le cercueil qui fut déposé, et trois voix éloquentes et fortement émues s'élevèrent chacune à son tour pour proclamer les éminentes qualités, les sublimes principes, l'austère vertu de l'excellent homme qui comptait cinquante ans de services gratuits dans l'administration des hospices et autres établissements de bienfaisance. — Pour couronner cette noble carrière, il a exercé pendant douze ans les fonctions de maire que les infirmités lui ont fait résigner au grand regret de la population en septembre 1855, et en consacrant à son canton les dernières années de sa vie, il a pu lui prouver une fois de plus que les âmes d'élite grandissent au contact des plus terribles épreuves et savent à tout âge faire le sacrifice de leur vie et de leurs intérêts.

» Aussi les paroles touchantes et vraies prononcées par MM. Costa, greffier du juge de paix, Porri, commissaire de police, et Angeli, receveur des douanes ont dû provoquer les sanglots et les pleurs de tous les assistants. — Après la messe, le cortége a suivi le même ordre et accompagné le cercueil jusqu'au delà du faubourg, tandis qu'une partie de la population s'est portée jusqu'au lieu de l'inhumation où les cinq confréries, à *l'encontre des usages des lieux* ont de nouveau chanté l'absoute avant de se séparer pour toujours.

» La presse est la grande école des mœurs. En vous faisant une imparfaite et rapide esquisse de ce qui s'est passé dans cette occasion, je ne fais qu'obéir au sentiment qui a dicté une manifestation aussi solennelle et offrir à votre plume un type à illustrer.

» Écho fidèle de la joie et de la douleur publique dans ce département, ardent ami de la justice et de la vérité, vous n'hésiterez pas, j'espère, à enregistrer dans les colonnes de votre estimable journal un fait qui honore le pays.

» En proposant de tels modèles et de pareils exemples, il est aisé de comprendre que les hommages décernés gratuitement par la reconnaissance publique, sont la plus haute et la plus digne récompense des belles âmes.

» Recevez, etc.

Le Maire de la ville de Bonifacio,
« HUCHEROT. »

On lit dans l'*Observateur de la Corse* (vendredi 18 avril 1856) :

« Le 7 de ce mois est décédé à Bonifacio M. Piras François, ancien maire de ladite ville. Une mort subite l'a enlevé à l'amour de sa famille et de ses concitoyens. Il était âgé de 73 ans. Peu de vies ont été aussi bien remplies que la sienne. Cet homme vénérable ne se distinguait pas seulement par les vertus qui conviennent à l'homme privé ; il possédait aussi, au plus haut degré, les qualités qui font le bon citoyen. Pendant cinquante ans on le vit travailler avec autant d'assiduité que de désintéressement dans l'intérêt de l'hôpital civil et des diverses œuvres de bienfaisance établies dans sa ville natale. Il était maire depuis douze ans, lorsque Bonifacio fut désolé par le choléra. Dans une circonstance aussi douloureuse, il rendit à ses concitoyens tous les services qu'ils pouvaient attendre de son zèle et de sa longue expérience. A la fin de 1855 il sentit le besoin de donner un peu de repos à sa vieillesse, en rentrant dans la vie privée. Sa démission fut d'abord repoussée ; mais on finit par l'accepter, à condition qu'il désignerait lui-même son successeur ou bien des candidats. Il recevait ainsi de l'administration la preuve de la plus haute confiance qu'elle pût lui témoigner. La population bonifacienne, à son tour, l'a pleuré comme un père ; le jour de ses funérailles a été un jour de deuil pour toute la ville et des honneurs inusités ont été rendus à sa dépouille mortelle.

» La mort qui l'a frappé subitement l'a trouvé préparé. Trois jours à peine avant son décès il avait reçu la Sainte-Eucharistie dans l'église paroissiale. Ce n'est pas pour des chrétiens ainsi disposés qu'une fin inopinée est redoutable. Que peut-il leur arriver, en quittant ce monde, si ce n'est d'être réunis à celui qu'ils ont aimé et servi jusqu'au terme de leur carrière?

www.ingramcontent.com/pod-product-compliance
Lightning Source LLC
Chambersburg PA
CBHW071448060426
42450CB00009BA/2330